DEUX MOTS

AUX LIGUEURS,

PAR M. LE Vte DE N***.

Là où sera la couronne là nous serons.
Vte DE CHATEAUBRIAND.

Octobre 1826.

𝕻rix : 50 cent.

PARIS.

CHEZ PÉLICIER, LIBRAIRE,
Place du Palais-Royal.

1830

IMPRIMERIE DE E. DUVERGER,
RUE DE VERNEUIL, N° 4,

DEUX MOTS

AUX LIGUEURS.

Là où sera la couronne, là nous serons.
Vᵗᵉ DE CHATEAUBRIAND.

Octobre 1826.

UN des princes de la maison de Brunswick allait être couronné roi d'Angleterre; au milieu des cérémonies du sacre, un chevalier armé vint, suivant l'antique usage, porter un défi à quiconque voudrait contester la légitimité du nouveau monarque; une main faible mais courageuse osa relever le gage du combat et soutenir les droits des Stuarts exilés. Chez nous, grâces à Dieu, les temps ne sont pas les mêmes : notre roi légitime, Charles X, tient le sceptre d'une main assurée, la dynastie des Bourbons est pleine de force et d'avenir; mais chaque jour des écrivains perfides ou égarés s'efforcent de faire naître une vaine fermentation, ils font retentir leurs paroles dans toute la France et cherchent à pervertir les esprits. Dévoué à la cause du trône et à celle des libertés publiques, inséparables l'une de l'autre, je crois de mon devoir de descendre dans l'arène politique, et, champion inhabile, champion obscur mais sincère, je veux essayer de répondre par quelques paroles précises et de bonne foi aux bruyantes déclamations, aux nombreux sophismes d'un parti qui, tout en invoquant la Charte et la liberté, tente d'usurper le pouvoir, et ne nous laisserait bientôt plus ni Charte ni liberté.

Louis XVIII, en remontant au trône de ses ancêtres, dans toute la plénitude de sa puissance, avait le droit de donner une loi fondamentale à son royaume. Il octroya une charte obligatoire pour la nation et pour le souverain. Comme roi, comme fils et héritier des monarques qui ont affranchi les communes et assuré l'indépendance de la magistrature, il voulut étendre les libertés de son peuple; mais comme législateur, il dut aussi songer à mettre la puissance royale à l'abri de toute attaque et rendre le trône inébranlable. La stabilité des trônes fait celle des empires et le bonheur des sujets : telle était la pensée de l'auguste auteur de la Charte, et nous lisons dans le préambule de cet acte solennel « En même temps que nous reconnaissions qu'une constitution libre et monarchique devait remplir l'attente de l'Europe éclairée, nous avons dû nous souvenir aussi que notre premier devoir envers nos peuples était de conserver pour leur propre intérêt les droits et les prérogatives de notre couronne ».

Les écrivains qui chaque matin se permettent de prescrire aux députés la conduite qu'ils auront à tenir durant la session prochaine, et presque de leur dicter leurs votes, les écrivains présomptueux qui semblent se flatter d'étourdir de leurs cris une assemblée de législateurs, savent-ils, ou plutôt veulent-ils comprendre cette Charte dont ils essaient sans cesse de dénaturer le sens à l'appui de leurs audacieuses prétentions? Quel rôle les chambres sont-elles destinées à remplir suivant le texte et l'esprit de la Charte? Appelées à délibérer sur des projets de loi présentés au nom du roi par les ministres, elles ont le droit de les rejeter s'ils leur paraissent dangereux pour la monarchie et contraires à nos institutions; elles ont même le droit de supplier le roi de proposer une loi sur quelque objet que ce soit, et d'indiquer ce qu'il leur paraît convenable que la loi contienne. Le roi pèse ensuite cette demande dans sa haute sagesse. La loi de l'impôt est adressée d'abord à la chambre des députés, qui délibère sur l'opportunité d'allouer telle ou telle somme à telle ou telle branche

des services publics. Les discussions des chan\)
bres servent à faire connaître aux ministres que.
but il est désirable d'atteindre, quelles fautes
on doit éviter : ainsi la mission des chambres
est d'éclairer le gouvernement, mais les rênes
de l'État ne leur sont point confiées ; la Charte
veut que le roi seul règne et gouverne. Une
foule d'écrits périodiques méconnaissent ces
principes conservateurs et répandent partout
une doctrine contraire ; on ne saurait trop leur
rappeler les paroles de M. Royer-Collard à la
chambre des députés, le 12 février 1816 : « Chez
nous, dit-il, le gouvernement tout entier est dans
la main du roi ; il n'a besoin du concours des
chambres que s'il reconnaît la nécessité d'une
loi nouvelle, et pour le budget. « L'orateur ajou-
tait : « Le budget, présenté par le ministre, peut
« souffrir des amendemens, des modifications,
« et cela dans l'intérêt du roi et de l'État ; mais
« enfin il faut bien qu'il en soit adopté un con-
« forme aux besoins de l'État, et on ne peut
« supposer l'existence d'une chambre qui, pour
« faire prévaloir ses vues particulières ou son
« opposition au gouvernement, condamnerait la
« nation à périr par l'anéantissement ou la sus-
« pension des services publics. » Considérons
quels seraient les désastreux résultats d'une doctrine opposée. Du moment où les députés (ce
qui sans doute n'arrivera jamais) cédant à la

plus funeste influence, au lieu de délibérer avec impartialité sur les projets présentés par le ministère, s'obstineraient à les rejeter tous sans examen et par une opposition systématique; du moment où ils repousseraient la personne des ministres au lieu d'apprécier leurs actes, il est évident que par cette conduite ils voudraient forcer le roi à choisir d'autres dépositaires de sa confiance, et de *pouvoir délibérant* ils deviendraient *pouvoir agissant*; ils commettraient donc une usurpation, ils fausseraient le système représentatif, ils déchireraient la Charte: la France serait une démocratie et la chambre une convention. Ces vérités sont énergiquement exprimées dans le discours que je viens de citer. « Le jour où le gouvernement « n'existera que par la majorité de la chambre, « le jour où il sera établi en fait que la chambre « peut repousser les ministres du roi, et lui en « imposer d'autres qui seront ses propres minis- « tres et non les ministres du roi; ce jour-là, « c'en est fait, non pas seulement de la Charte, « mais de notre royauté, de cette royauté indé- « pendante qui a protégé nos pères, et de la- « quelle seule la France a reçu tout ce qu'elle « a jamais eu de liberté et de bonheur; ce jour-là « nous sommes en république (1). »

(1) Discours de M. Royer-Collard, du 12 février 1816.

Si par le fait c'est la chambre des députés qui nomme les ministres, c'est donc elle-même aussi qui par le fait propose la loi au mépris de l'art. 16 de la Charte, et s'empare de l'initiative royale; c'est elle alors qui gouverne, et l'administration du royaume n'est plus dirigée par des hommes toujours responsables, mais livrée à quatre cent trente souverains dont rien ne limiterait plus la tyrannie. Les hommes qui voudraient entraîner la chambre à des excès de pouvoir et lui faire prendre un rôle qui ne lui est point assigné dans nos institutions, ont-ils calculé quelles seraient les conséquences de leurs imprudens conseils? oseraient-ils soutenir qu'une chambre ait le droit de transformer la France en république, au risque de la plonger dans toutes les horreurs de l'anarchie?

La demande du budget est une mesure nécessaire à l'existence du pays; le refus du budget, sans autre cause qu'une sorte de *bon plaisir* de la chambre, serait inconstitutionnel; il est donc impossible de la part de députés pénétrés de l'amour de la patrie et du sentiment de leurs devoirs.—Ces principes, vrais en tous temps, s'appliquent naturellement aux circonstances actuelles.—Le 8 août dernier, le roi, usant d'un des droits de la couronne, s'est entouré de nouveaux conseillers. Nous ne nous occupons pas du nom de ces ministres: il s'agit ici d'une ques-

tion de droits et non d'une question de personnes. A partir de ce jour les ministres ont
exercé leurs pouvoirs dans les limites tracées
par nos lois, et convoquent aujourd'hui les
chambres. Tels sont les faits : le roi a nommé
des ministres, et ces ministres ont fidèlement
observé la Charte. Est-il rien de plus simple
et de plus légal que ces événemens? en quoi
justifient-ils l'agitation qu'on cherche à exciter
dans le pays? Cependant, de toutes parts on
parle de résistance des chambres sans qu'on
sache à quelle entreprise elles doivent résister;
on prétend qu'elles s'opposeront à toutes les
mesures proposées par le ministère, et on ne
sait pas quelles seront ces mesures. Quelques
journaux osent affirmer que la chambre des députés est d'avance décidée à refuser le budget,
et cela sans doute parce que les noms des ministres ont la vertu de jeter certains journalistes
dans des accès de démence. On chercherait en
vain un autre motif, puisque la conduite des
ministres a été conforme au texte et à l'esprit
de nos institutions. Une telle résolution, formée
d'avance par les députés, serait-elle constitu-
tionnelle? Assurément, non; assurément, elle
est impossible. Assurément, tant qu'on n'a aucun fait à reprocher au ministère, tant qu'il n'a
point trahi le trône et violé nos lois, la Charte
et le bon sens ne permettent pas qu'il s'orga-

nise une coalition pour refuser le vote de
l'impôt.

Députés de la France, nous avons trop de confiance en vos lumières, nous mettons trop d'es-
poir dans votre sagesse, pour croire un instant
que vous puissiez obéir à la voix d'un parti qui
voudrait vous pousser à méconnaître vos droits.
Si les ministres proposent des lois subsersives
de nos institutions, vous rejeterez ces lois; s'ils
se rendent coupables de trahison ou de concus-
sion, vous les accuserez aux termes des art. 55
et 56 de la Charte. Votre pouvoir s'exerce sur
les propositions et les actes des ministres; au
roi seul appartient le choix et le renvoi de leurs
personnes : vous votez pour ou contre les lois
suivant qu'elles sont bonnes ou mauvaises, peu
vous importe le nom des auteurs des projets présentés à vos délibérations. De quel droit vous
ligueriez-vous pour renverser un ministère dont
les actes n'ont rien d'inconstitutionnel? De quel
droit empêcheriez-vous le roi de choisir tels ou
tels hommes pour ses mandataires? Quels des-
potes seriez-vous donc pour établir ainsi par le
fait une loi des suspects?

Ce serait insulter la chambre que de penser
qu'elle pût se laisser étourdir par les déclamations de la presse périodique; mais en répon-
dant à des écrivains qui raisonnent toujours
comme s'ils avaient la certitude de voir la cham-

bre s'efforcer de renverser le ministère par une opposition préméditée, je me vois forcé d'adopter pour un moment leurs vaines hypothèses. Je suppose donc que la chambre cessant de s'occuper des besoins réels du royaume, s'obstine à repousser indistinctement tous les projets des ministres et rejette enfin le budget. Cette chambre par son vote romprait l'équilibre des trois pouvoirs, tels que les a réglés la Charte, elle violerait ouvertement la constitution dans laquelle le roi s'est réservé la nomination à tous les emplois. Ce vote dicté non par l'examen des faits, mais par une aveugle prévention contre les personnes serait inconstitutionnel, il serait donc nul, complétement nul, et ne saurait avoir plus d'effet qu'un jugement rendu contrairement à toutes les lois. Je suppose encore qu'une nouvelle assemblée où la même chambre convoquée une seconde fois persistât dans son égarement et respectât assez peu la Charte pour entreprendre de substituer ses choix aux choix du roi, il est évident que par ses refus inconstitutionnels la chambre compromettrait l'existence de la nation toute entière; cette chambre rendrait indispensables des mesures extra-légales, l'État se trouverait en danger, et le roi se verrait forcé aux termes de l'art. 14 de la charte de faire les réglemens et ordonnances nécessaires à la sûreté de l'État.

Qu'arriverait-il alors au moment de la levée de l'impôt? Quelques hommes trompés ou coupables parodieraient la résistance d'Hampden, et méconnaissant l'art. 2 de la Charte refuseraient de contribuer dans la proportion de leur fortune aux charges de l'État; avec de la sagesse et de la fermeté le gouvernement du roi saurait remédier à cette crise passagère et réduire à l'obéissance les mauvais citoyens qui tenteraient de précipiter notre pays dans un abîme de troubles et de malheurs. La chambre des députés ayant inconstitutionnellement rejeté le budget, toutes les associations pour le refus du paiement de l'impôt se trouveraient également contraires à la Charte et on devrait prendre les moyens nécessaires pour qu'elles ne pussent troubler la paix du royaume ni entraver les services publics. Les hommes paisibles, les hommes éclairés sur les dangers des révolutions n'ont pas besoin de former des associations et des ligues pour s'engager à rester dans l'ordre et s'acquitter de leur dette envers l'État, mais nous n'en doutons pas, si des circonstances extraordinaires exigeaient des charges nouvelles, un nouveau zèle animerait nos cœurs, et comme nos pères nous irions grossir l'épargne royale de nos dons volontaires. Les hommes revêtus d'emplois publics continueraient à les remplir; ce n'est pas au moment du danger qu'ils viendraient demander de l'argent au Roi et à la France ; on comprend trop bien l'honneur dans notre pays, et si aucun d'eux était assez vil pour déserter son poste faute de salaire, dans aucun des camps on n'accueillerait ce lâche transfuge.

Le parti royaliste, tant calomnié depuis quelques années, aurait une admirable occasion de forcer ses ennemis même d'applaudir à sa persévérance ; un beau rôle lui serait offert, car en ces jours d'épreuve, c'est à son noble dévouement, à sa fidélité désintéressée qu'il appartiendrait de secourir la France en péril. Qui de nous aurait assez peu de patriotisme pour refuser de s'associer par le sacrifice de sa fortune à la gloire de sauver l'État? qui de nous voudrait garder un peu d'or et voir périr la monarchie? Un illustre orateur a bien compris toute l'étendue de nos devoirs, lorsqu'il s'écriait à la tribune : «Si ce cas « pouvait arriver (le refus du budget) ce serait « alors qu'à bon droit, et bien sûr d'être en- « tendu, le roi s'adresserait à son peuple, qui « l'aiderait à sauver l'État. » Ces mémorables paroles de M. Royer-Collard trouveront de l'écho en France : le roi est sûr d'être entendu. Le jour où le roi notre maître, faisant un appel à notre fidélité, raffermirait sur sa tête la couronne à laquelle des mains téméraires voudraient porter atteinte, ce jour-là, dis-je, serait comme une nouvelle restauration, comme un nouvel avénement au trône, et tous, nous serions prêts à payer l'impôt de joyeux avénement.

Les prérogatives de la couronne sont une de nos libertés, et si jamais (ce qui me paraît impossible) une chambre des députés venait à usurper les pouvoirs confiés au monarque pour le bonheur de tous, le premier devoir du monarque serait de tout tenter pour délivrer son peuple du despotisme démocratique. Je le répète, si une faction entreprenait de dominer et gouverner le pays, il n'est point de dictature que le prince ne fût autorisé à exercer pour nous affranchir du joug de cette faction. Les chambres sauront donc respecter les droits du roi si elles ne veulent pas s'anéantir elles-mêmes; elles ne dépasseront point leur mandat, car alors tous leurs actes devraient être comme non avenus, toute leur force devrait nécessairement expirer.

Henri IV, le père du peuple, consultait l'assemblée des notables; il en recevait des avis, non des ordres, il demandait conseil et secours à de fidèles sujets. Si on eût voulu lui dicter des lois, Henri avait la main sur la garde de son épée.

Le sang d'Henri IV coule dans les veines de Charles X. Aujourd'hui, comme au temps de son aïeul, le roi trouverait de loyaux serviteurs prêts à le seconder de tous leurs efforts contre la ligue; aujourd'hui, par sagesse comme par dévouement, par raison comme par affection, les bons Français se feraient les soutiens de la cause légitime ; le salut de la monarchie est le salut du pays ; servir le roi c'est servir la France ; le roi, c'est la patrie vivante. — Convaincu que ceux qui aiment réellement notre patrie sauront comprendre mes paroles et ne les désavoueront pas, je publie ces lignes, et désire faire connaître au parti qui manifeste hautement sa désaffection pour la dynastie des Bourbons, que le découragement et la faiblesse ne se sont point emparés des cœurs dévoués à cette dynastie. Toute la jeunesse de France n'ignore pas que la vraie liberté se trouve sous la bannière royale et non sous les drapeaux de quelques ambitieux tribuns.

V^{to} de N***.